EL LIBRO DE
NAVIDAD

EDITORIAL
ALBATROS

**Nivel
de dificultad**

Fácil, medio o
avanzado, según
la experiencia
adquirida.

Tiempo

No considera la
búsqueda de
materiales y
herramientas.

Costo

$ 1 a $ 8: bajo,
$ 9 a $ 16: medio,
$ 17 a $ 24: alto.
Sin herramientas
o moldes.

Diseño y producción
María Laura Martínez

Coordinación
María Eugenia Delía

Asesora de redacción
Cecilia Repetti

Ilustraciones
Javier Joaquín
Claudia Ramos

Fotografías
Carlos Tabachnik
Marcelo Perinetti
Julián Lausi

Se ha hecho el depósito que marca la ley 11.723
Se prohibe la reproducción parcial o total
I.S.B.N. 950-24-0920-5

El libro de Navidad
1º edición - 5000 ejemplares
Gráfica Pinter S. A.
Buenos Aires - 2003

e-mail: info@edalbatros.com.ar
www.edalbatros.com.ar

Los proyectos fueron seleccionados de los libros que pertenecen
a las colecciones
Ser Creativa y Secretos

745.5   El libro de Navidad. - 1ª. ed. – Buenos Aires : Albatros, 2003.
ELL   160 p. ; 24x17 cm. – (el libro de...)

          ISBN 950-24-0920-5

          1. Navidad-Artesanías

La Navidad en casa

Celebrar la Navidad en casa es un acontecimiento que permite reunir a la familia y a los amigos en torno a la mesa, simplemente para disfrutar de una ocasión tradicional, pero especial a la vez. Ante todo, tenga presente que, como anfitrión, algunos detalles principales serán muy importantes para el desarrollo de la festividad. Elegir el lugar de la casa, ya sea el comedor principal o el jardín, el presupuesto con el que cuenta, los invitados que concurrirán, la realización de algún tipo de entretenimientos y, principalmente, la comida para todos los gustos y las bebidas que se servirán serán las preocupaciones bási-cas que deberá enfrentar, seguramente con muchas ganas.

Entre estos temas, la decoración de su casa permitirá realzar el motivo de la fiesta y contribuirá para que el entorno parezca acogedor y divertido al mismo tiempo. Este es el objetivo de este li-bro. Variados traba-jos desfilan a lo largo de estas páginas: ar-bolitos navideños, cen-tros de mesa, individuales, portavelas, tarjetas de invitación y más. Seguramente muchos de ellos servirán de inspiración para decorar la entrada de su casa, la mesa de Nochebuena y el regalo de Papá Noel bajo el arbolito.

Cada proyecto permite llevar a cabo su trabajo con la ayuda de la lista de materiales, los costos, el tiempo de elaboración y los niveles de dificultad. Luego, los diferentes pasos, con ilustraciones que acompañan el proceso, las fotografías a color de los trabajos terminados, y los moldes y diseños necesarios le permitirán crear objetos navideños que seguramente serán de su agrado. Especialmente porque fueron pensados para ser creados con sus propias manos y para que pueda dar rienda suelta a su propia creatividad.

Es el deseo de esta editorial, junto con el equipo de autores que interviene en los diferentes trabajos, que este libro sea motivo de inspiración para que su casa sea verdaderamente un lugar acogedor a la hora de celebrar una nueva Navidad.

Primera parte
Los materiales y sus técnicas

GOMA EVA

Conocido técnicamente como Etil Vinil Acetato prensado, la goma eva es un material muy dúctil para trabajar, garantiza una mayor durabilidad que la cartulina y posee gran resistencia.

Se consigue muy fácilmente en librerías y casas de manualidades en planchas flexibles de variados grosores, aunque, en general, se utiliza la de 2 o 3 mm. Se vende en una amplia gama de colores (desde los tonos pasteles hasta los colores fosforescentes), con diferentes texturas (como cartón corrugado, símil corcho), y estampados (a lunares, a rayas, safari, etc.).

TÉCNICAS DE TRABAJO

Para cortar la goma eva puede utilizarse la tijera para cortes pequeños, rectos o curvos. También las tijeras de picos u ondas permiten realizar bordes ornamentales. Debe tenerse la precaución de colocar el filo de la tijera de modo que coincida el dibujo anterior con el siguiente. A veces, el sacabocados, la típica herramienta de los zapateros, sirve para realizar agujeros de diferentes tamaños. Una variante puede ser la perforadora. Incluso, en el mercado, existen perforadoras pequeñas con diferentes motivos, como corazones, flores, estrellas, etc.

El cemento de contacto es ideal para pegar este material. Conviene utilizarlo con un pico aplicador para evitar desprolijidades. La pistola encoladora es muy útil para adherir grandes superficies, ya que se seca rápidamente. La cola vinílica sirve para adherir detalles de decoración.

PANAMINA

La panamina es una tela entramada parecida a la de los tapices para bordar. Realizada en un 100 % de algodón, al estar aprestada, le confiere una firmeza suficiente como para ser bordada y para realizar trabajos en volumen. Se vende por metros en mercerías, y hay de variados colores y con tramados diferentes.

Sobre este material, se puede bordar, modelar o estampar. Algunos de los trabajos de este libro se realizaron con panamina bordada con hilos mouliné. Ambos materiales se combinan en forma armoniosa para obtener trabajos decorados en punto cruz. Los hilos mouliné de diversos colores son utilizados con agujas para bordar sobre la panamina. Generalmente, un bastidor puede ayudar a que el trabajo no se arrugue y se realice en forma prolija.

TÉCNICAS DE TRABAJO

La panamina se corta fácilmente con la tijera común y se adhiere con cemento de contacto. Es importante recordar que, para utilizar este material, hay que deslizarlo sobre ambas superficies que van a pegarse y esperar algunos minutos antes de unirlas entre sí.

El bordado en punto cruz es fácil de realizar. Hay que pasar la aguja con el hilo de bordar en una dirección de arriba hacia abajo atravesando el orificio derecho superior de la tela en sentido diagonal.

Para regresar, hay que seguir el mismo procedimiento, pero hacia el otro lado para formar la cruz. Para continuar el bordado hacia abajo, introducir la aguja en el primer orificio por el cual se comenzó el bordado y seguir como en el paso anterior.

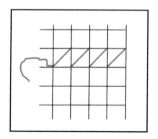 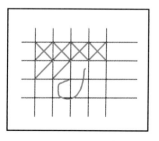

CHOCOLATE

El chocolate que degustamos es el producto que se obtiene a partir del árbol del cacao, y es utilizado como condimento y como ingrediente de diversas clases de dulces y bebidas.

INGREDIENTES INDISPENSABLES
- **Pasta de cacao** (con excepción del chocolate blanco): el porcentaje es determinante para obtener una buena calidad de chocolate.
- **Manteca de cacao**: es la grasa de las semillas de cacao. Interviene en la fluidez del chocolate.
- **Azúcar**.

TIPOS DE CHOCOLATE
- **Chocolate negro**: no posee azúcar.
- **Chocolate con leche**: se reduce el porcentaje de pasta de cacao y se añade leche en polvo.
- **Chocolate blanco**: no contiene pasta de cacao. Es una mezcla de manteca de cacao, leche en polvo, azúcar, aromas y emulgentes.

TÉCNICAS DE TEMPLADO
El templado es indispensable para realizar modelados y bombones. Un buen trabajo y el brillo de la superficie dependen directamente de este proceso.

El templado se logra una vez obtenida la mezcla de los cristales de la manteca de cacao con la temperatura adecuada. Si el templado se descuida, el resultado final puede malograrse: pegarse en el molde, faltarle brillo o no endurecerse adecuadamente.

Para la preparación, se funde a baño de maría (cuidando que no hierva el agua y revolviendo de vez en cuando con cuchara de madera). Una vez fundido, hay que retirar del fuego. El templado se mantiene entre 10 y 30 minutos, según la temperatura ambiente y la cantidad de chocolate que haya colocado en el recipiente. Llevar a baño de maría sin revolver cada vez que sea necesario, a fin de recuperar la temperatura correcta. Durante el proceso, es conveniente usar un termómetro (existen en el mercado termómetros especiales para repostería) para verificar la temperatura correcta en cada caso.

CURVAS DE TEMPERATURA DEL CHOCOLATE
- **Chocolate amargo**: derretir el chocolate por completo a 50/55° C. Reducir la temperatura a 26/27° C. Utilizar a 32/32° C.
- **Chocolate con leche**: derretir el chocolate pro completo a 45/50° C. Reducir la temperatura a 26/27° C. Utilizar a 29/30° C.
- **Chocolate blanco**: derretir el chocolate pro completo a 45/50° C. Reducir la temperatura a 26/27° C. Utilizar a 28/29° C.

JABÓN

El elemento fundamental para trabajar con este material es el jabón base (tanto de coco como de glicerina) pues el proceso de saponificación ya se ha realizado. Este producto puede adquirirse actualmente en los más variados formatos: en gránulos, en barras, en polvo, en virutas, en escamas y, en el caso de los jabones de glicerina, hasta con color y aroma. Los restos de jabones que ya no pueden usarse por su tamaño inadecuado son también bienvenidos para crear trabajos.

Los aromatizantes y colorantes necesarios para dar un toque especial son los que están especificados especialmente para jabones, y no otros. Cualquier envase o recipiente (preferentemente de plástico ya que facilita el desmolde), que resista la temperatura de hervor del agua, puede servir como molde.

TÉCNICA BÁSICA

En este libro, se trabaja con el jabón base de glicerina. El procedimiento básico consiste en cortar la barra de glicerina en trozos pequeños y colocar a baño de maría dentro de un recipiente de vidrio. Agregar un poco de alcohol. Cuando la mezcla alcance un aspecto totalmente líquido, aunque viscoso, retirar del fuego y agregar el colorante y las esencias correspondientes. Para colocar en moldes, untar con desmoldantes, como por ejemplo, vaselina líquida.

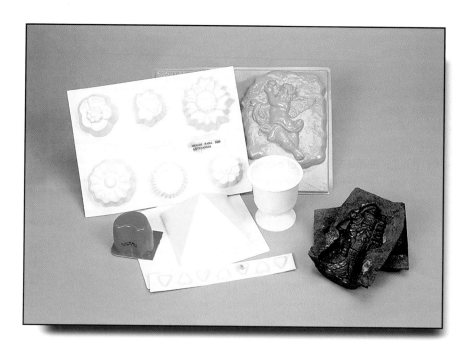

FLORES Y HOJAS

Los trabajos presentes en este libro utilizan flores y hojas de arbustos. Podrá realizar la recolección en algún lugar al aire libre, o comprar en florerías. De todos modos, al elegir una flor, es importante seleccionar los ejemplares que tengan sus pimpollos lo más cerrados que se pueda, para evitar su apertura temprana y para que no se deshojen al trasladarlos.

Además, en algunos casos, es importante no olvidarse de la hidratación de las flores, para que perdure el trabajo. A modo de ejemplo, las rosas se colocan en un recipiente con agua fría, habiendo cortado los tallos previamente bajo un chorro de agua, por lo menos dos horas antes de utilizarlas.

CARTÓN Y TELA

Ambos materiales se combinan a la perfección para lograr un toque *country* y hogareño a cada objeto de decoración. El cartón, por lo general, debe ser de 1,5 mm o 2 mm de espesor, aunque algunos materiales, como la cartulina, son muy dúctiles para trabajar. La tela puede ser de algodón y con motivos estampados, a cuadros o lisa. En la actualidad, hay motivos navideños muy interesantes para aplicar sobre todas las propuestas.

TÉCNICAS DE TRABAJO

Para trabajar con comodidad, conviene, en algunos casos, transferir el molde sobre papel de calcar, y luego sobre el cartón. En otros, bastará tomar las medidas apropiadas y, con la ayuda de una regla, dibujar el diseño sobre el material.

La trincheta es un elemento muy útil para cortar el cartón e incluso sirve para quebrar las líneas de doblez, es decir, sin llegar a traspasar la superficie.

Ambos materiales se adhieren con cola vinílica siempre esparciéndola en forma pareja con pincel para que el trabajo quede prolijo y no se formen arrugas.

PORCELANA EN FRÍO

Es una masa que se elabora fácilmente con las propias manos ya que los ingredientes que se necesitan son fáciles de conseguir.

- 1 kilogramo de cola vinílica,
- ½ kilogramo de fécula de maíz,
- 4 cucharadas de glicerina y
- 1 cucharada de formol.

Una vez realizada la masa, puede trabajarse con cortantes de repostería o estecas de acero o de plástico, con puntas variadas, que sirven para realizar cortes y marcas ornamentales en la masa. El palo de amasar sirve para aplanar la porcelana en forma muy pareja.

TÉCNICA DE ELABORACIÓN

Se vuelca la cola vinílica junto con la fécula de maíz y el formol en un recipiente de teflón. Se mezcla enérgicamente sobre el fuego mediano hasta que la masa se despegue de las paredes del recipiente. Se retira del fuego y se le agrega la glicerina integrándola y amasándola con las manos. Si la masa queda muy blanda, agregarle fécula de maíz. Si se desea blanquearla, utilizar una piedra pequeña de alcanfor disuelta en una cucharada de alcohol fino. El punto justo se alcanza cuando la masa se enfría y los dedos no se pegotean.

Para teñirla, se emplean los colorantes vegetales utilizados para repostería. Pueden reemplazarse por óleos, acrílicos o pinturas para telas. Al incorporar a la masa el colorante elegido, es importante amasar enérgicamente para eliminar las vetas.

Para secar el trabajo, hay que dejar descansar las piezas en un lugar aireado. El tiempo de secado varía de acuerdo con la humedad ambiente.

La porcelana en frío puede guardarse en bolsas herméticas o en papel film sin necesidad de heladera. Es importante que no tome contacto con el aire pues se reseca y se endurece.

MADERAS

Las maderas utilizadas para los trabajos son las siguientes:

Madera terciada: se vende en forma de tableros realizados con varias capas delgadas de chapa de madera, encoladas unas sobre otras, de manera que las direcciones de las fibras queden cruzadas. Es una madera resistente y con poca tendencia a las deformaciones.

Multilaminado: tiene el aspecto de varias maderas terciadas encoladas entre sí. Se presenta en grosores variados.

Se recomienda comprar mayor cantidad de madera que la solicitada en cada proyecto para trabajar sin problemas. Es posible cambiar de madera por otra de similares características en caso de no conseguir la recomendada en este libro.

TÉCNICAS BÁSICAS

Lijado: realizar movimientos de adelante hacia atrás en la dirección de las vetas, y derecho sobre la superficie, cualquiera sea la lija utilizada.

Manejo del arco de calar: colocar la hoja de sierra en el arco con los dientes hacia abajo y apretar sus extremos con los ganchos mariposa, dejando la sierra bien tensa. Colocar la madera sobresaliendo de la mesa para realizar el corte y apretarla con la prensa o sostenerla fuerte con la otra mano para permitir el giro. Tomar la herramienta por el mango, apoyar el arco de metal sobre el antebrazo y comenzar a cortar en forma perpendicular al trabajo para no realizar cortes torcidos. Girar la herramienta, y no la madera, para cortes curvos.

Utilización de la sierra: sostener la madera sobre la mesa con la otra mano, con la prensa o con la morsa de banco. Cortar con la sierra desde arriba o por el lateral sobre la línea dibujada.

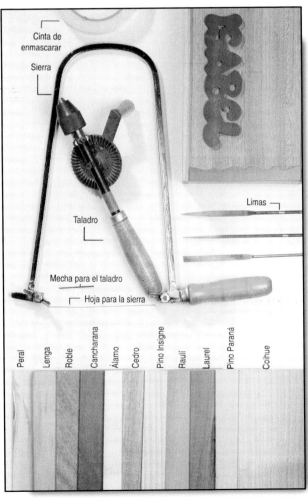

PINTURAS Y MÁS

Las pinturas utilizadas a lo largo de los trabajos pueden variar desde acrílicos, óleos, pátinas, pinturas para telas, pinturas en relieve, hasta materiales muy dúctiles, como el rubor en polvo que sirve para marcar mejillas y dar color piel a determinados diseños. Todos estos materiales son muy fáciles de conseguir en librerías artísticas u otros lugares similares. A menudo, aparecen en el mercado nuevos materiales que pueden reemplazar a los ya mencionados y que, con criterio y buen gusto, podrán ser utilizados en los trabajos.

Es importante, en algunos casos, dar una buena protección a los trabajos con algún tipo de barniz o protector para evitar el desgaste de la intemperie, el manejo con las manos y el paso del tiempo.

Consejo: es importante una buena limpieza de los pinceles para conservarlos para trabajos posteriores. Si los materiales son a base de agua, como los acrílicos, pueden lavarse fácilmente con agua. Si son al aceite, como los óleos, conviene tratarlos con aguarrás vegetal.

Acrílicos   Esténciles

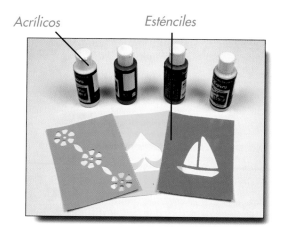

Pinturas Tulip   Pinturas acrílicas

Esponjas   Marcadores indelebles

OTROS MATERIALES Y HERRAMIENTAS

En cada trabajo se detallan los materiales específicos que deberán utilizarse como cola vinílica o pegamento de contacto; materiales de decoración como pasamanería, puntillas, cenefas, cintas, hilos de colores; diversos útiles como lápices, reglas, pinceles, lijas; tijera común, de ondas o de picos, trincheta, cuchillos, estecas o serrucho. Todos son materiales muy accesibles, y seguramente muchos de ellos se encontrarán en los costureros, en la caja de herramientas o en el cajón de los útiles.

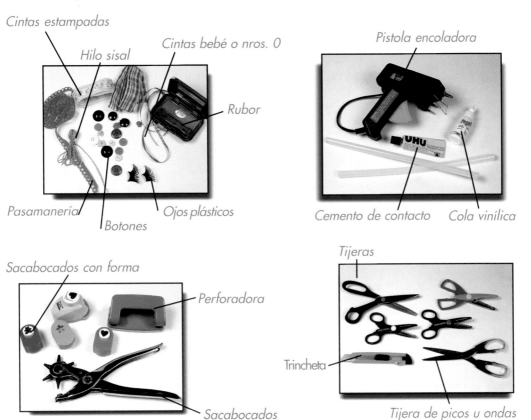

Cintas estampadas

Hilo sisal

Cintas bebé o nros. 0

Rubor

Pasamanería

Botones

Ojos plásticos

Pistola encoladora

Cemento de contacto   Cola vinílica

Sacabocados con forma

Perforadora

Sacabocados

Tijeras

Trincheta

Tijera de picos u ondas

CONSEJO INDISPENSABLE

Comenzar a trabajar, habiendo conseguido todos los materiales para que no falte ninguno; especialmente, si va a trabajar en serie. Leer, además, los paso a paso para que no surjan dudas con respecto a las técnicas que se utilicen durante el proceso ya que cualquier impedimento en la producción puede malograr el trabajo terminado. Evaluar el tiempo que le insumirá el trabajo con anterioridad para no trabajar en forma apurada, poder evitar contratiempos y, así, alcanzar el éxito y la perfección en cada proyecto.

SEGUNDA PARTE
Los proyectos

Angelito de la paz

AUTORA: María Eugenia Rossi

Fácil

20 minutos

Bajo

MATERIALES

✗ Goma eva verde, roja, blanca y piel

✗ Cemento de contacto

✗ Hilo sisal

✗ Pintura en relieve dorado

✗ Cordón dorado alambrado

✗ Cinta escocesa

● Rubor en polvo

● Lápiz negro

● Tijera de corte recto

● Tijera de ondas

● Marcador negro

Tamaño: 9 x 15 cm

(ancho x alto)

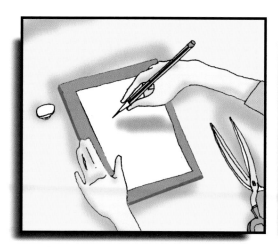

Transferir el diseño de los corazones punteando sobre la goma eva color verde y rojo.

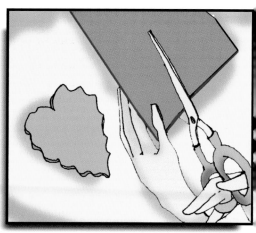

Recortar el más pequeño con tijera de ondas. El otro, con la tijera de corte recto. Pegar uno sobre el otro con cemento de contacto.

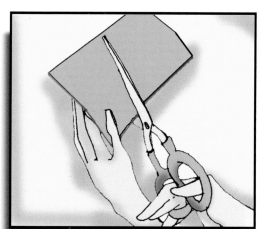

Recortar la cara y las manos en goma eva color piel.

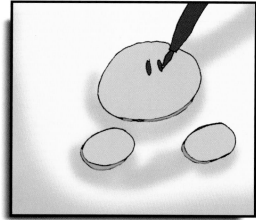

Pintar las facciones con marcador negro, y colorear con rubor las mejillas y el contorno de las manos.

Cortar 6 cm de hilo sisal y anudar en el medio. Pegar sobre la cara con cemento de contacto simulando el pelo. Hacer el halo del ángel con un cordón dorado alambrado y pegarlo por detrás.

Recortar las alas y pegar la cabeza en el centro de las mismas. Encimar y pegar el corazón en el borde inferior de las alas.

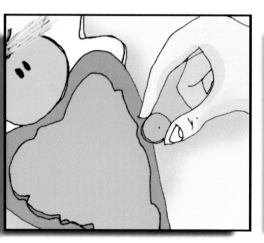

Por encima y a ambos lados superiores, pegar las manos. Pintar con pintura en relieve dorada la palabra PAZ. Dejar secar.
Hacer un moño de cinta escocesa y pegar a la altura del cuello.

Consejo: es un regalo ideal para otorgarle a cada comensal con su nombre o deseo en la mesa navideña. También sirve para colgar de las ramas del árbol navideño.

Servilleteros navideños

AUTORA: Fabiana Zylberdyk

Fácil

25 minutos c/u

Bajo

MATERIALES

✗ Panamina roja con dorado, 12 cm

✗ Panamina verde navidad, 10 cm

✗ Pasamanería verde navidad, 50 cm

✗ Pasamanería roja, 1 m

✗ Pegamento de contacto

● Lápiz

● Tijera

Tamaño: 9 x 12 cm

(ancho x alto)

Marcar con lápiz y recortar los moldes sobre la panamina. En el caso de la flor, cortar el molde dos veces.

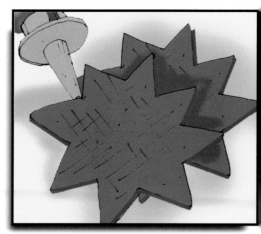

Adherir con pegamento de contacto el molde de la flor revés con revés.

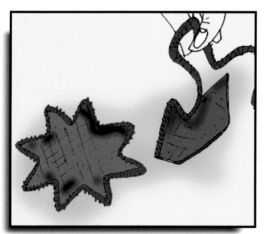

Decorar la flor y la hoja con pasamanería según cada color.

Adherir los extremos de la tira formando un aro con pegamento de contacto.

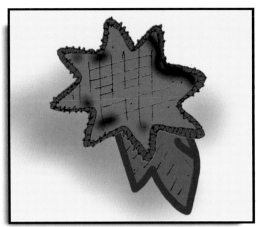

Pegar la hoja a la flor y, por último, el aro.

Si lo desea, en el centro de la flor puede agregarle algún adornito navideño.

Bolitas navideñas de chocolate y avellanas

AUTORA: Elena María Costaguta

Fácil

1 hora

Medio

MATERIALES

Ingredientes para 20 unidades

✗ Chocolate semiamargo, 100 grs

✗ Avellanas, 100 grs

✗ Granas rojas y verdes, cantidad necesaria

✗ Pirotines, nros 4 y 20

✗ Manteca, 50 grs

✗ Crema de leche, 2 cdas

✗ Azúcar impalpable, 50 grs

● Rallador

● Cuchara de madera

● Tamiz

● Batidora

● Placa o plato

Tamaño: 4 cm
(diámetro)

Rallar el chocolate semiamargo con un rallador. (Puede picarse a mano, pero con un picado muy chiquito, por lo que es preferible utilizar un rallador).

Derretir la manteca a baño de maría para que no se queme. Mezclar el chocolate rallado con la manteca previamente derretida.

Batir la crema de leche a medio punto. Incorporar la crema a la mezcla anterior.

Tamizar el azúcar impalpable sobre el chocolate semiamargo con manteca y crema de leche, y mezclar suavemente con movimientos envolventes.

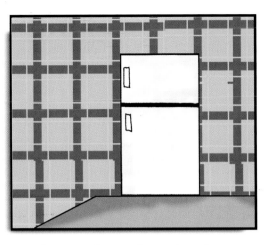

Picar las avellanas. Agregarlas a la mezcla anterior. Integrar todos los ingredientes completamente.

Mezclar y unir bien todo revolviendo con cuchara de madera. Llevar la mezcla a la heladera hasta que adquiera consistencia.

Retirar la mezcla de la heladera. Realizar bolitas con la mezcla y pasar algunas por granas verdes, y otras por granas rojas. Colocar las bolitas en pirotines.

Colocar todos los pirotines con la mezcla sobre una placa o un plato. Llevar a la heladera y dejar que adquieran consistencia.

Papá Noel

AUTORA: Elena María Costaguta

Difícil   **1 hora**   **Bajo**

| ✗ Para comprar |
| ● Utensilios |

MATERIALES

Ingredientes

✗ Chocolate cobertura blanco, 100 grs

✗ Chocolate cobertura con leche, 50 grs

✗ Colorante rojo, verde, piel

● Cartuchos de papel

● Molde de Papá Noel

Tamaño: 4 x 4 cm

(ancho x alto)

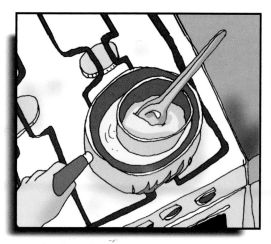

Templar la cobertura de chocolate blanco y la cobertura de chocolate con leche por separado, cuidando las temperaturas de templado específicas de cada una (ver chocolate, en página 9).

Separar la cobertura de chocolate blanco er dos. Reservar una mitad. Colorear la otra mi tad con color rojo, verde y piel. Al templar e chocolate blanco, separar una pequeña can tidad y agregarle el colorante. (Debe realizarse teniendo mucho cuidado de que el chocolate mantenga la temperatura de templado).

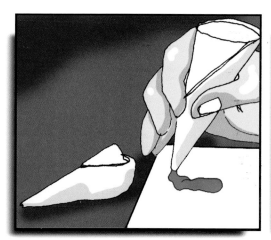

Llenar cartuchos de papel con las diferentes coberturas de chocolate blanco coloreadas; otro cartucho de papel, con la cobertura de chocolate blanco; y otro cartucho, con la cobertura de chocolate con leche.

Tomar el cartucho con la cobertura de choco late con leche y rellenar los ojos del molde de Papá Noel. Llevar a la heladera durante algu nos minutos para que se solidifique.

omar el cartucho con la cobertura de choco-late blanco y rellenar la barba, el bigote, el borde y el pompón del gorro. Llevarlo a la heladera durante algunos minutos para que se solidifique.

Tomar el cartucho con la cobertura de color rojo y rellenar la boca, la nariz y el gorro. Llevar a la heladera durante algunos minutos para que se solidifique.

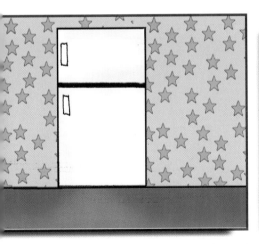

omar el cartucho con la cobertura de color piel y rellenar la cara. Llevar a la heladera durante algunos minutos para que se solidifique.

Tomar el cartucho con la cobertura de color verde y rellenar el muérdago del gorro. Llevar a la heladera hasta que se solidifique comple-tamente. Desmoldar el Papá Noel.

Souvenirs navideños de glicerina

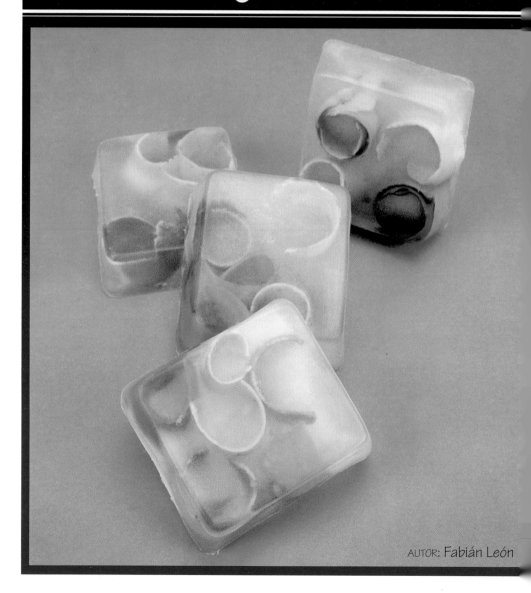

AUTOR: Fabián León

Fácil

1 hora

Bajo

MATERIALES

✗ Para comprar
● Utensilios

✗ 1 medida de jabón base de glicerina en barra

✗ ¼ de medida de alcohol

✗ Rulos realizados con restos de jabón de varios colores

✗ Aromatizante de limón, floral y de clavo de olor, para jabones

✗ Palillo de brocheta

✗ Moldes plásticos cuadrados

✗ Vaselina líquida

● Recipientes para baño de maría

● Pelapapas

● Cuchillo

● Film de cocina

Tamaño: 5 x 2 cm

(ancho x alto)

Derretir el jabón base de glicerina según el procedimiento indicado en la sección Jabones, en la página 10.

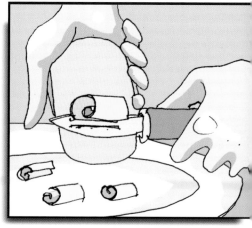

Realizar rulos empuñando un pelapapas y restos de jabón de varios colores.

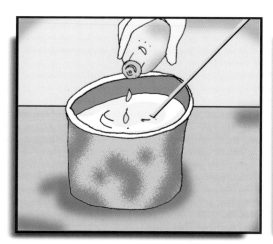

Retirar el jabón de glicerina del fuego (debe tener una apariencia líquida, y colocarle los aromatizantes poco a poco revolviendo con un palillo de brocheta (suavemente para no generar espuma).

Preparar los moldes untando con vaselina líquida y verter la preparación. Aguardar unos minutos y pulverizar sobre los moldes con alcohol.

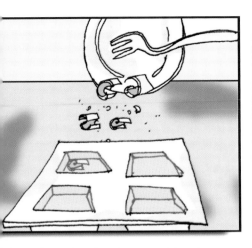

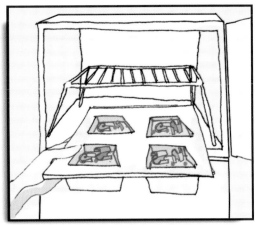

Colocar los rulos de jabón en el interior, acomodando y combinando los colores a gusto. Dejar a temperatura ambiente durante 20 minutos.

Llevar al *freezer* por espacio de 20 minutos. Retirar y dejar nuevamente a temperatura ambiente durante media hora.

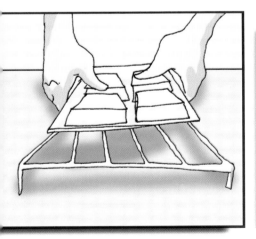

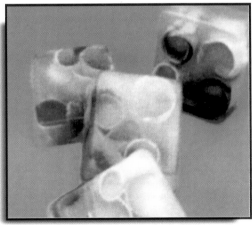

Desmoldar sobre una rejilla y dejar endurecer durante tres días.

Emparejar los bordes con un cuchillo y envolver en film de cocina para que los jabones no pierdan el aroma.

Bota navideña

AUTORA: Fabiana Zylberdyk

Medio

35 minutos

Medio

MATERIALES

- ✗ Panamina roja
- ✗ Cenefa dorada de 6 cm de ancho
- ✗ Cartulina blanca
- ✗ Acrílicos rojo y verde
- ✗ Cinta dorada
- ✗ Cordón finito dorado
- ✗ Pasamanería dorada
- ✗ Cartón de 1,5 mm
- ✗ Pegamento de contacto
- ✗ Pincel taponador
- ● Tijera común
- ● Cortante o trincheta
- ● Lápiz negro

Tamaño: 15 x 22 cm
(ancho x alto)

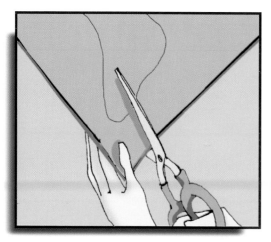

Trasladar el molde de la bota al cartón y recortar con la tijera.

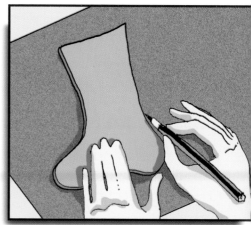

Con el molde en cartón y el lápiz negro, marca la bota dos veces sobre la panamina invirtiendo el molde en el segundo marcado, de manera que las botas queden enfrentadas. Recortarla con tijera por los contornos.

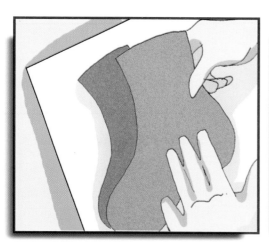

Adherir los lados con pegamento de contacto dejando abierta la parte superior. Decorar los bordes con pasamanería dorada.

Dibujar el diseño de las campanas sobre la cartulina blanca para formar el esténcil, y ca larlas con ayuda del cortante.

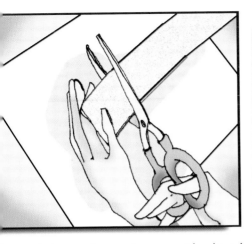

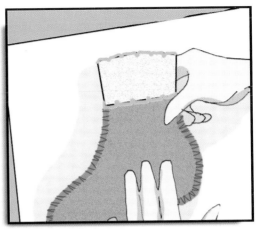

Cortar de la cenefa una tira que mida el total el contorno del borde superior más 1 cm de margen.

Colocar la cenefa en la parte superior de la bota con pegamento de contacto ubicando la unión en la parte posterior.

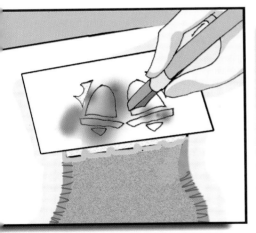

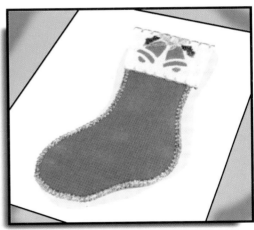

Apoyar el esténcil sobre el frente de la cenefa y estampar, el diseño con acrílico rojo y las hojas con acrílico verde con ayuda del pincel taponador.

Colocar un moño en la unión de las campanas y un lazo realizado con el cordón dorado finito para poder colgar la bota.

Individual
Papá Noel

AUTORA: Fabiana Zylberdyk

Fácil

40 minutos

Bajo

MATERIALES

✗ Para comprar
● Utensilios

✗ Cartón de 1,5 mm

✗ Cartulina blanca, roja, celeste, naranja y negra

● Marcador negro

● Adhesivo vinílico

● Tijera común y de picos

● Lápiz negro

Tamaño: 23 x 30 cm

(ancho x alto)

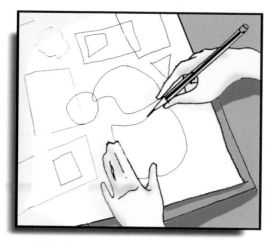

Trasladar los contornos del molde al cartón.

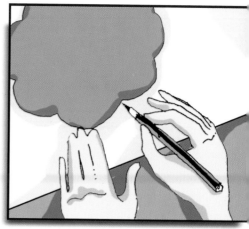

Recortarlo y marcarlo sobre la cartulina blanca. Recortar por los contornos.

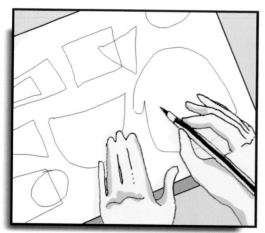

Trasladar por separado cada una de las piezas del individual sobre el cartón.

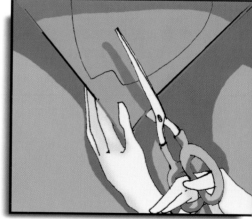

Recortar con la tijera común cada una de las piezas por separado.

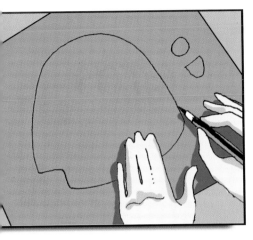

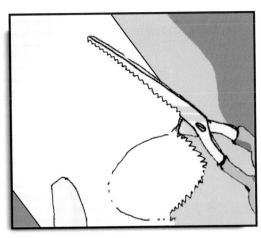

Marcar el gorro, la nariz y la boca con lápiz sobre la cartulina roja. Sobre la cartulina blanca, marcar el borde y el pompón del gorro, las cejas, la base de los ojos, los bigotes y la barba. En cartulina naranja, realizar la base de la cara; y en cartulina celeste y negra, el resto de los ojos.

Recortar con la tijera de picos el borde y el pompón del gorro, la barba (solamente los contornos externos), los bigotes y las cejas. Cortar el resto de las piezas con la tijera común.

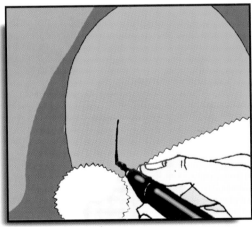

Adherir las piezas cortadas en el paso anterior con adhesivo vinílico, sobre la base de cartulina blanca.

Con el marcador negro, dibujar los pliegues en el gorro y en la barba.

Cartel con letras

(para cualquier fiesta)

AUTORA: María Cristina Rioja

Fácil

25 minutos

Bajo

MATERIALES

✗ Goma eva corrugada de distintos colores
y plancha amarilla con lunares verdes

✗ Tijera de ondas (opcional)

✗ Brillantina

● Trincheta

● Pistola encoladora

● Cola vinílica

Tamaño: 25,5 x 21,5 cm

(ancho x alto)

Trasladar los moldes de las letras FELIZ DÍA sobre goma eva corrugada de colores variados.

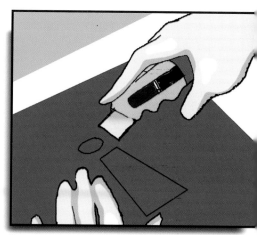

Realizar el signo de admiración dos veces. Recortar cada pieza de goma con la trincheta.

Tomar una plancha de goma eva amarilla con lunares verdes y recortar su contorno con la tijera de ondas o realizar ondas con la tijera común.

Adherir cada letra inclinada sobre la plancha de goma eva amarilla usando la pistola encoladora.

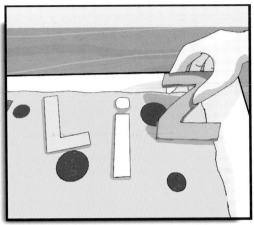

egar uno de los signos de admiración esca-
ándose del lateral de la plancha amarilla.

Dejar los lunares a la vista ubicando las letras
a los costados de los mismos.

Adherir toques de brillantina de colores sobre
a superficie con cola vinílica.

Este cartel se adapta a cualquier fecha conme-
morativa y tiene la ventaja de ser duradero.

Árbol navideño con paquetes de regalo

AUTORA: María Cristina Rioja

Medio

50 minutos

Medio

MATERIALES

✗ Goma eva verde Navidad, amarilla, roja, verde manzana y naranja

✗ Bolsita con trozos irregulares de goma eva

✗ Hilo dorado, rojo y verde brillante navideño

✗ Pasto dorado

● Trincheta

● Pistola encoladora

Tamaño: 45 x 60 cm
(ancho x alto)

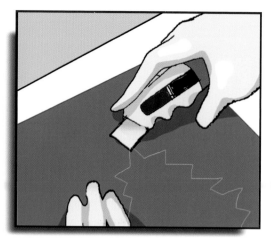

Trasladar los dos moldes del árbol navideño sobre goma eva verde Navidad. Recortar el contorno externo de cada uno con trincheta. Cortar la línea vertical indicada en ambos moldes.

Introducir la figura con la letra A en la ranura de la parte B comenzando desde la base. Que dará así formado el cuerpo del árbol.

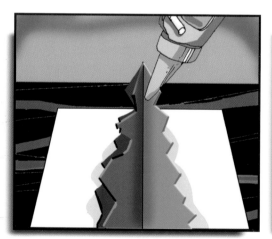

Adherir con pistola encoladora los bordes internos.

Tomar pedazos pequeños irregulares y colori dos de goma eva, y pegarlos sobre las caras del árbol que suman ocho en total.

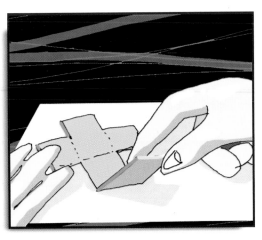

Copiar el molde del paquete de regalo sobre goma eva amarilla, roja, verde manzana y naranja. Recortar sus contornos con trincheta.

Pasar suavemente la trincheta sobre las líneas punteadas para marcar sin llegar a cortar. Dar vuelta la figura dejando los quiebres hacia abajo. Levantar los lados de cada paquete formando una caja con tapa.

Adherir entre sí los bordes del mismo con pistola encoladora. Colocar cada paquete con la tapa hacia abajo, envolverlo con hilo dorado rodeando todas las caras y formar un moño superior.

Pegar el paquete rojo y el verde manzana sobre las caras frontales del árbol; el paquete naranja, al rojo; y el amarillo, al verde. Adherir pasto dorado sobre las caras del árbol. Rodear el árbol con hilo dorado, verde y rojo navideño.

Papá Noel y Rodolfo, el reno

AUTORA: María Cristina Rioja

Difícil

1 hora

Medio

MATERIALES

✗ Goma eva roja, rosa suave, blanca, negra, color piel, marrón y blanca texturada

✗ Marcadores indelebles rojo, negro y marrón

✗ Cinta de papel con motivos navideños

✗ Flores secas y ramitas

● Tijera

● Trincheta

● Pistola encoladora

● Rubor marrón

Tamaño: 19,5 x 12,5 cm
(ancho x alto)

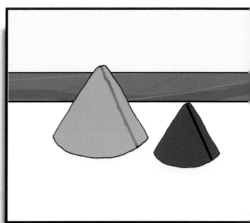

Trasladar el molde del cuerpo de Papá Noel, el de las piernas, el del gorro y el de las mangas (dos veces) sobre goma eva roja. Pasar el molde de la cara sobre goma eva rosa suave, el de las manos sobre goma blanca y el del cabello y de la barba sobre goma eva blanca texturada. Calar este último molde en el centro usando la trincheta.

Copiar el molde de los pies sobre goma eva negra y recortar el contorno de todas las partes. Formar un cono con el cuerpo superponiendo varios centímetros los bordes A y B para darle mayor firmeza. Adherir con pistola encoladora. Formar otro cono más pequeño con el molde de las piernas y repetir los pasos del molde del cuerpo.

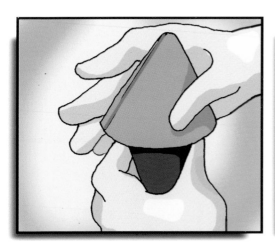

Apoyar el cono del cuerpo que es más grande sobre el de las piernas y adherirlo con pistola encoladora. Adherir las piernas sobre el centro de los pies. Cortar una tira delgada blanca que tenga la misma curvatura que el molde del cuerpo y colocarla como cinturón. Rodear también el borde de las mangas y del gorro.

Cortar un cuadrado pequeño de goma eva negra, calar un cuadrado pequeño en su centro y colocarlo como hebilla sobre el cinturón. Adherir la cara al molde calado de la barba, pegarla sobre el cuello y sobre el pecho de Papá Noel, y agregar el cabello por detrás. Formar conos pequeños con ambas mangas.

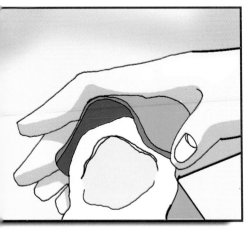

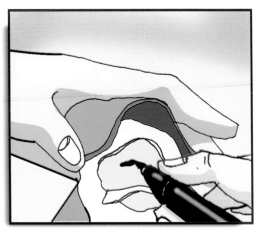

introducirlas con el pegamento de la pistola encoladora entre el borde de la barba y el cabello, sobre los laterales del cuerpo. Pegar cada mano en el extremo de la manga. Formar otro cono con el molde del gorro y adherirlo sobre los laterales de la cabeza. Doblar hacia atrás la punta y adherirla en la nuca.

Cortar bigotes y cejas con restos de goma eva blanca texturada y pegarlos sobre la cara. Pintar los rasgos con marcadores indelebles negro, rojo y marrón. Colorear las mejillas con toques de rubor marrón. Trasladar el molde de la cara, el cuerpo y las patas (dos veces) de Rodolfo, el reno, sobre goma eva color piel.

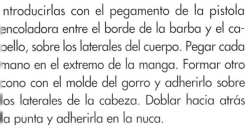

Copiar el molde de los cuernos dos veces sobre goma eva marrón y de la nariz sobre goma eva roja. Recortar. Adherir el borde delantero y trasero del cuerpo sobre la curva superior de las patas con pistola encoladora. Pegar la cara sobre las piernas delanteras y los cuernos a ambos lados. Dar toques de rubor.

Cortar dos triángulos pequeños, y colocarlos como orejas. Adherir la nariz y pintarle orificios negros. Pintar los ojos y delinear la boca. Contornear todo con marcador negro indeleble. Apoyar las figuras sobre una cinta de papel con motivos navideños y decorar con flores secas y ramitas.

Centro de mesa navideño

AUTORA: María Inés Murguiondo

Fácil

1 hora

Medio

MATERIALES

✗ Para comprar
● Utensilios

● Recipiente (o plato de plástico)

● 3 palillos

✗ Oasis para material fresco

✗ 3 velas de diferentes tamaños

✗ Hojas de jazmín del cabo o cualquier otro follaje

✗ 1 docena de rosas rojas

✗ 6 lilium rojos u otra flor del tono

✗ Globos dorados navideños

Tamaño: 30 cm
(diámetro)

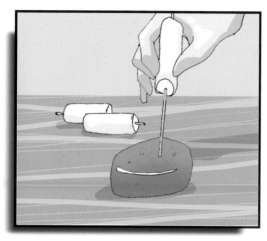

Introducir un palillo en cada una de las velas y clavarlas en el centro del oasis.

Colocar el oasis sobre un recipiente (puede ser un plato de plástico).

Formar una corona con las hojas de jazmín o cualquier otro follaje, y completar con algunos frutos, si se quiere, hasta que el oasis quede bien cubierto.

Agregar rosas rojas en forma alternada.

Colocar algunos lilium rojos u otra flor más grande entre las rosas.

Puede terminarse el trabajo agregándole unos globitos dorados a los cuales se les habrá colocado previamente un alambrecito en el extremo, para poder pincharlos en el oasis.

Árbol de navidad

AUTORA: María Inés Murguiondo

Fácil   1 hora   Alto

MATERIALES

✗ Maceta de terracota

✗ Aerosol dorado

✗ Oasis para material fresco

✗ Ramitas de buxus o brotes de araucaria

✗ Ramitas de frutos rojos

✗ Polietileno

Tamaño: 1 m
(alto)

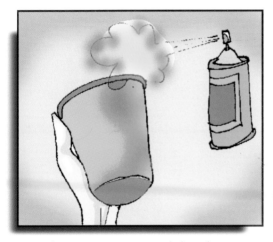

Pintar la maceta con aerosol dorado.

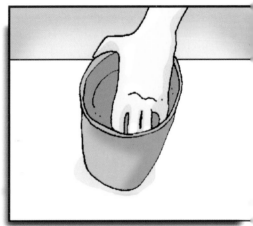

Forrar el fondo de la maceta con polietileno para que el agua del oasis no arruine la terracota.

Ubicar el oasis dentro de la maceta (debe haber estado sumergido en agua 24 horas) y darle forma cónica con un cuchillo.

Cortar varias ramitas de buxus.

nchar las ramas de cedro en forma escalo- Terminar colocando unas ramitas de frutos ro-
ada alrededor de todo el oasis. jos.

Portavelas

AUTORA: Fabiana Zylberdyk

Fácil　　　　　　*40 minutos*　　　　　　*Medio*

MATERIALES

✗ Cartón de 2 mm

✗ Tela estampada

✗ Velón cuadrado

✗ Pegamento de contacto

● Cola vinílica

● Cortante (trincheta)

● Tijera

● Pincel

● Regla

● Lápiz negro

Tamaño: 10 x 10 cm

(ancho x alto)

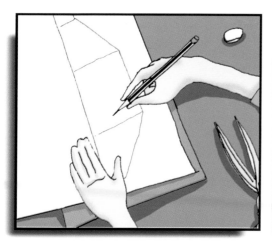

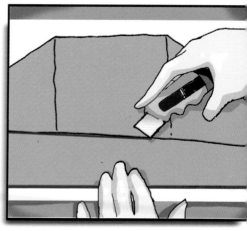

Trasladar el molde sobre el cartón con la regla y el lápiz negro.

Recortar el molde y quebrar las líneas de doblez con el cortante.

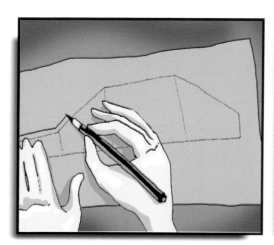

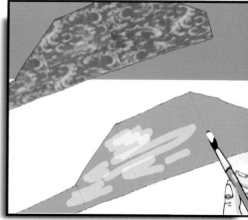

Apoyar el molde sobre el revés de la tela estampada, marcar por los contornos con el lápiz y recortar con la tijera dejando un margen de 1 cm en todos los lados.

Encolar toda la superficie del lado de las quebraduras con cola vinílica con la ayuda de pincel, y adherir la tela llevando los márgenes hacia el otro lado.

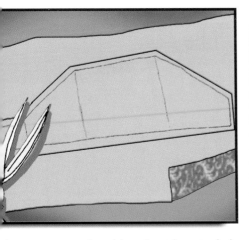

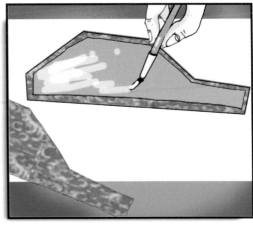

olver a marcar el molde sobre el revés de la la con el lápiz y encolar toda la línea traza- . Dejar secar bien y luego recortar.

Encolar el lado interno del molde y aplicar el corte anterior.

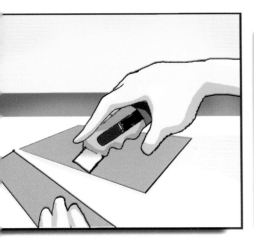

ara la base, cortar un cuadrado de 10 cm on el cortante en cartón. Forrar una de las ɔperficies (lado externo de la base) con un corte e tela más grande llevando el excedente hacia I otro lado.

Adherir el lateral a la base con pegamento de contacto y, por último, colocar el velón cuadrado.

Posavasos

AUTORA: Fabiana Zylberdyk

Medio

1 hora, 30 minutos

Bajo

MATERIALES

✗ Cartón de 2 mm

✗ Tela lisa y a cuadros

✗ Hilo sisal

✗ Pasamanería

✗ Pegamento de contacto

● Cola vinílica

● Cortante (trincheta)

● Tijera

● Pincel

● Lápiz negro

Tamaño: 12 x 12 cm
(ancho x alto)

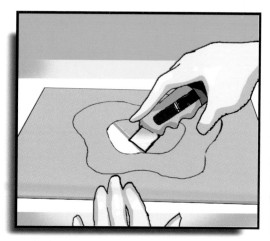

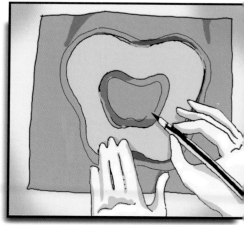

Trasladar los moldes sobre el cartón, recortarlos con el cortante y quebrar las líneas de doblez. En los lados de la caja, calar el centro.

Apoyar los lados de la caja y marcarlos sobr la tela lisa. Cortar cada una de las piezas co un margen de 1 cm de excedente tanto en lo bordes internos como en los bordes externo: Aplicar cola vinílica con el pincel, y adherir l tela llevando los márgenes hacia el lado cor trario.

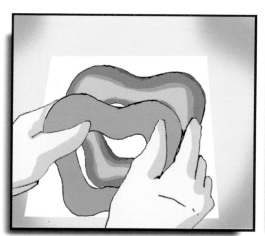

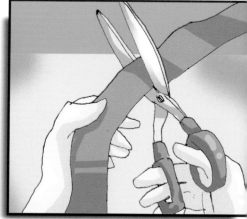

Para forrar el lado restante, cortar una pieza de tela con la medida justa del molde y adherirla con cola vinílica. Decorar los bordes con pasamanería.

Para el lateral, cortar una tira de la tela lis que mida el total del largo más 1 cm de cad lado por el doble del ancho más 1 cm.

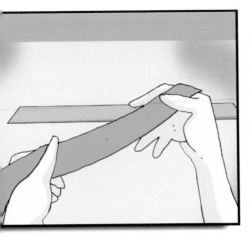

poyar el lateral sobre la tela dejando el cen-
metro de margen sobre uno de los lados. Ad-
erir los extremos con la cola vinílica, el
entímetro de margen y por último, el resto de
la tela.

Unir el lateral a ambos lados con pegamento
de contacto y decorar el frente con un moño
realizado en hilo sisal.

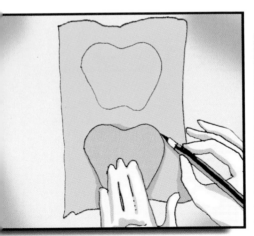

Apoyar el molde del posavasos sobre el revés
de la tela a cuadros y marcarlo dos veces con
el lápiz negro.

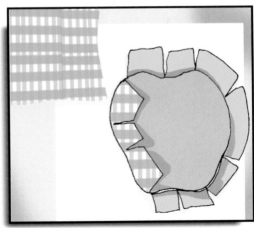

Cortar uno de los moldes con un margen de
1 cm como excedente. Aplicar cola vinílica sobre una de las superficies del cartón con el pincel
y adherir la tela llevando los márgenes, previamente cortados, hacia el otro lado. Cubrir el lado
restante con otro corte de tela con la misma medida del molde. Decorar con pasamanería.

Libritos navideños

AUTORA: Fabiana Zylberdyk

Fácil **30 minutos** **Bajo**

MATERIALES

✗ Cartón de 2 mm

✗ Tela estampada con motivo navideño

✗ Papel estampado con motivos musicales

✗ Cordón dorado finito

✗ Cinta de raso roja

✗ Pegamento de contacto

● Cola vinílica

● Cortante (trincheta)

● Tijera

● Pincel

Tamaño: 6 x 9 cm

(ancho x alto)

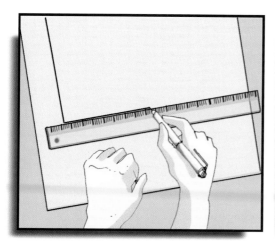

Dibujar un rectángulo que mida 12 cm de ancho por 9 cm de alto sobre el cartón con la regla y el lápiz negro. Trazar una línea a lo alto dividiendo el rectángulo en dos partes.

Recortar el rectángulo y quebrar la línea doblez con el cortante.

Apoyarlo sobre el revés de la tela y marcar los contornos del molde con el lápiz.

Recortar la tela dejando 1 cm de margen de cada lado con la tijera.

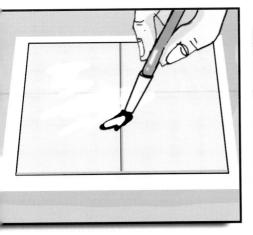

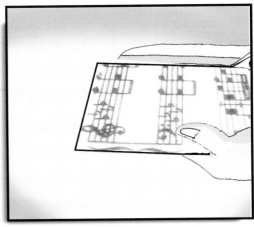

sparcir la cola vinílica del lado de la quebra-
ura con el pincel, y adherir la tela llevando
excedente hacia el otro lado.

Cortar un rectángulo de la misma medida que
el molde en el papel estampado.

Adherir el rectángulo en el interior de la pieza
orrada con cola vinílica, alisando bien desde
el centro hacia los bordes.

Aplicar en el centro una cinta como señalador.
Realizar un lazo con el cordón finito dorado y
adherirlo a la parte superior del centro para
poder colgarlo con pegamento de contacto.

Vinera navideña

AUTORA: Fabiana Zylberdyk

Medio

1 hora

Medio

MATERIALES

✗ Cartón de 2 mm

✗ Tela estampada con motivo navideño

✗ Paño lencie verde

✗ Cordón blanco

✗ Pegamento de contacto

● Marcador grueso negro

● Cola vinílica

● Cortante (trincheta)

● Tijera

● Pincel

Tamaño: 25 x 18 cm

(ancho x alto)

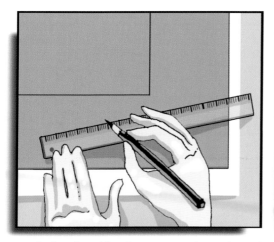

Trasladar el molde al cartón con la regla y el lápiz. Recortarlo y quebrar las líneas de doblez con el cortante.

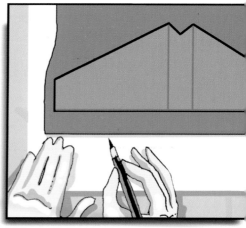

Apoyar el molde del lado contrario a la qu bradura sobre el paño lencie y marcar todo contorno con un marcador grueso. Recortar con la tijera.

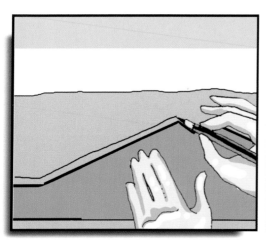

Apoyar nuevamente el molde, pero esta vez del lado de la quebradura, sobre el revés de la tela y marcar todo el contorno con el lápiz. Recortar dejando 1 cm de margen de cada lado.

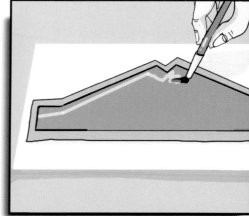

Acomodar el molde sobre la tela recortada aplicar cola vinílica sobre los bordes del car tón y llevar hacia ellos los márgenes.

Encolar toda la superficie interna del molde y adherir el paño lencie sobre ella.

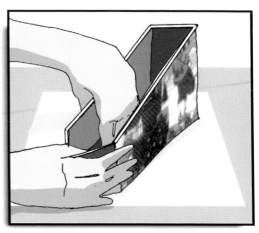

Unir los lados del molde con pegamento de contacto y adherir el cordón blanco en el borde superior.

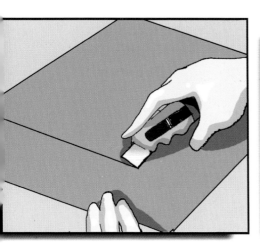

Para la base, dibujar y cortar un rectángulo que mida 10 cm de ancho por 25 cm de largo con el cortante.

Cortar un rectángulo sobre la tela de la medida anterior dejando 1 cm de margen de cada lado. Adherirlo a una de las superficies del cartón con la cola vinílica y cubrir el lado restante con un rectángulo de paño lencie. Adherir la superficie forrada con la tela a la base de la vinera con pegamento de contacto, y deja secar bien.

Bolsita navideña

AUTORA: Fabiana Zylberdyk

Fácil

1 hora

Medio

MATERIALES

✗ Panamina azul

✗ Pasamanería roja

✗ Alambre fino

✗ Hilos de bordar mouliné de Anchor:
- Blanco n° 1
- Verde n° 229
- Rojo n° 9046

✗ Pegamento de contacto

● Tijera

● Aguja para bordar

● Lápiz blanco

● Regla

● Molde circular

Tamaño: 7 x 10 cm
(ancho x alto)

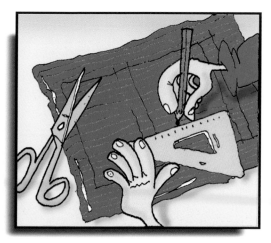

Marcar el molde de la bolsita con el lápiz blanco y la regla, y recortarlo con la tijera.

Plegar los dobleces y bordar el diseño sobr el frente.

Armar la bolsita pegando la base a las aletas y los lados con pegamento de contacto.

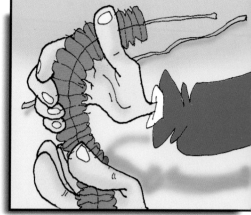

Cortar dos tiras de alambre de 12 cm de larg y forrarlos con pasamanería.

Con ayuda del molde circular, modelar en forma curva ambos alambres forrados.

Decorar los contornos de la bolsita con pasamanería y adherir los extremos de las manijas
en el interior.

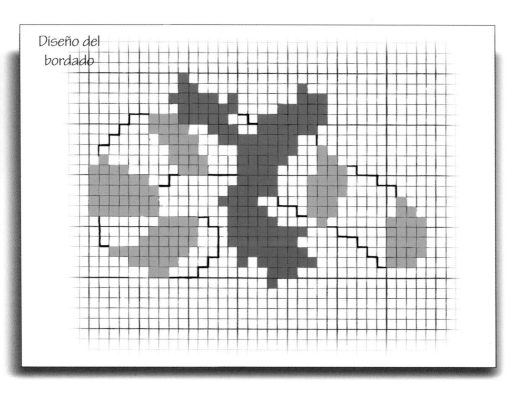

Diseño del
bordado

Tarjeta de Navidad

AUTORA: Fabiana Zylberdyk

Fácil

40 minutos

Medio

MATERIALES

- ✗ Panamina roja
- ✗ Pasamanería roja
- ✗ Cenefa dorada de 6 cm de ancho
- ✗ Cartulina roja
- ✗ Hilo dorado
- ✗ Guata
- ✗ Hilos de bordar mouliné de Anchor:
  - Verde n° 208 y 229
  - Amarillo n° 305
  - Naranja n° 315
  - Celeste n° 145
  - Azul n° 148
  - Blanco n° 1
  - Lila n° 109
- ✗ Pegamento de contacto
- ● Tijera
- ● Aguja para bordar
- ● Lápiz negro
- ● Regla

Tamaño: 12 x 16 cm
(ancho x alto)

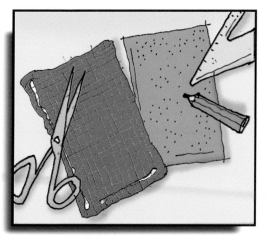

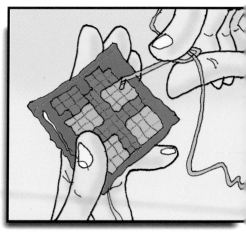

Marcar el molde de la tarjeta en la panamina y en la cartulina roja con ayuda del lápiz y la regla. Recortar ambas piezas con la tijera.

Sobre cuadrados de panamina, bordar los re galitos con los diferentes colores. Recortarlo con la tijera por los contornos.

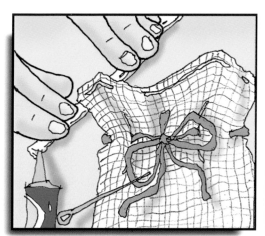

Cortar en la cenefa una tira que mida 10 cm de largo. Realizar un dobladillo en ambos extremos con pegamento de contacto. A 1,5 cm del borde superior, pasar el hilo dorado con ayuda de la aguja de bordar. Fruncir y terminar de atar en el centro con un moño.

Adherir los contornos de la bolsita sobre la tap de la tarjeta dejando capacidad para que, co un poco de guata, se obtenga volumen.

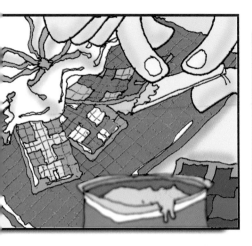
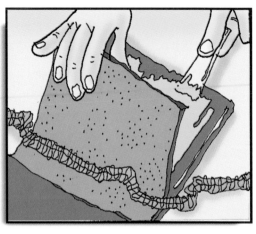

dherir los paquetitos con pegamento de con-cto colocando tres en la boca de la bolsita y no sobre la base.

Colocar el molde en cartulina con pegamento de contacto en el interior y decorar los contornos de ambos lados con la pasamanería.

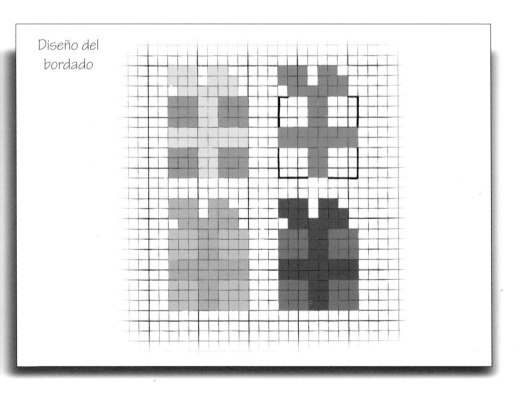

Diseño del bordado

Arbolito de Navidad

AUTORA: Fabiana Zylberdyk

Fácil

35 minutos

Medio

✘ Para comprar
● Utensilios

MATERIALES

✘ Panamina verde

✘ Pasamanería blanca

✘ Guata

✘ Hilos de bordar mouliné de Anchor:
- Amarillo n° 293
- Naranja n° 326
- Azul n° 123
- Rojo n° 19

✘ Pegamento de contacto

● Tijera

● Aguja para bordar

● Lápiz blanco

● Regla

● Tronquito de árbol

Tamaño: 14 x 14 cm
(ancho x alto)

Marcar el molde del arbolito dos veces en panamina verde con lápiz blanco y recortarlo con la tijera.

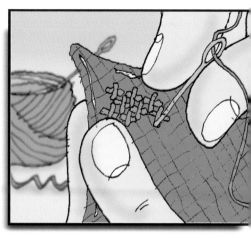

Sobre uno de ellos, bordar las esferas de diferentes colores en forma espaciada.

Adherir los lados del arbolito con pegamento de contacto dejando abierta la parte inferior.

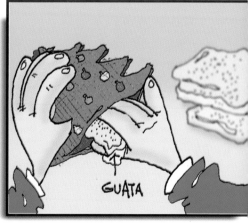

Introducir un poco de guata para obtener volumen en el arbolito.

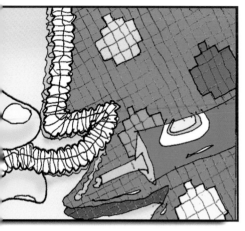 

ecorar los bordes de ambos lados con pasa-
anería blanca.

Colocar pegamento de contacto al tronquito,
adherir el árbol y dejarlo secar bien. Puede
reemplazarse la base por una maceta pequeña de barro.

Diseño del
 bordado

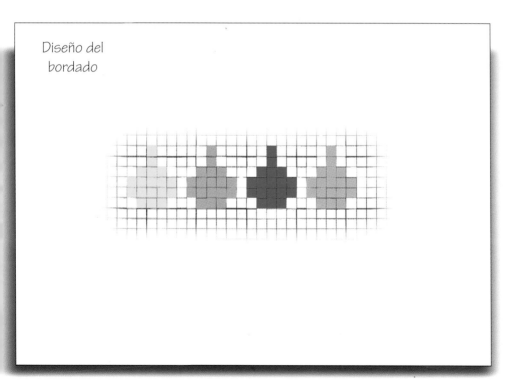

Servilletero corona de Navidad

AUTORA: María Eugenia Rossi

MATERIALES

✗ Para comprar
● Utensilios

✗ Porcelana fría teñida de rojo y de verde

✗ Cortante metálico con forma de corazón

✗ Estecas

✗ Barniz en aerosol

✗ Pintura acrílica blanca

● Pincel delineador

● Cola vinílica

● Tijera

● Pincel para barniz

Tamaño: 9 x 7 cm

(ancho x alto)

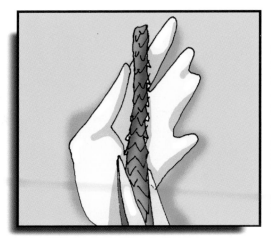

Modelar un cilindro de 20 cm de largo por 1,5 cm de diámetro. Con tijera, realizar cortes pequeños a lo largo y a lo ancho del cilindro, para simular las hojitas.

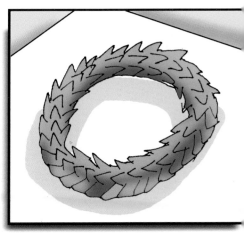

Formar un aro, pegando entre sí los extremo con cola vinílica.

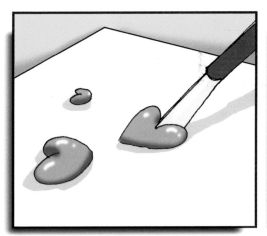

Amasar y estirar porcelana roja. Cortar con cortantes dos corazones medianos y uno pequeño.

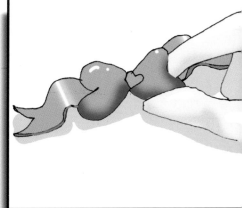

Armar el moño. Cortar con tijera tiras dos tir cuyo extremo final esté cortado en "V". Peg por detrás del moño con cola vinílica.

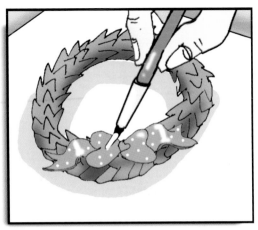

gar el moño en la unión de la corona con la vinílica y motitas de porcelana roja, simulando los frutos del muérdago.

Dejar secar completamente y pintar motitas de color blanco con el pincel delineador.

arnizar con pincel o barniz en aerosol y dejar car.

Consejo: como es un trabajo sencillo, conviene trabajar en serie para lograr una producción rápida de servilleteros.

Pinos colgantes

AUTORA: María Eugenia Rossi

Fácil

20 minutos

Bajo

MATERIALES

- **✗** Porcelana fría teñida de verde, amarillo, rojo y marrón

- **✗** Alambre de floristería

- **✗** Esteca (o punzón)

- **✗** Cortante metálico con forma de estrella

- **✗** Barniz en aerosol

- **✗** Cinta dorada

- **✗** Pistola encoladora

- **●** Palo de amasar

- **●** Cola vinílica

- **●** Pinza alicate

Tamaño: 6 x 14 cm

(ancho x alto)

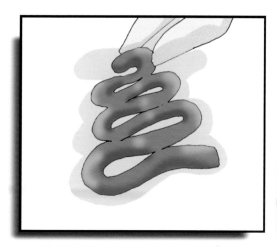

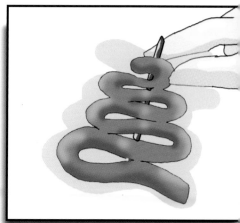

Modelar un cilindro en porcelana verde. Realizar un camino sinuoso como se observa en el dibujo.

Atravesar un alambre de floristería en el ce tro, desde la base hasta la punta del cilind Dejar 1 cm de alambre libre en cada extrem

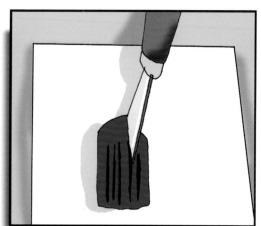

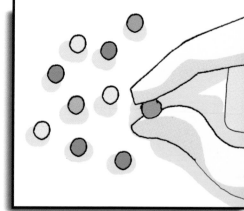

Modelar el tronco y marcarle las vetas con un elemento punzante. Introducirlo en el alambre de base.

Hacer bolitas en distintos colores de masa aplanar con el dedo pulgar, ejerciendo presió

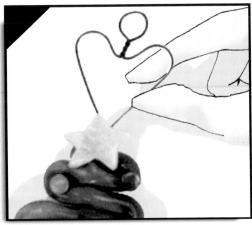

nasar y estirar porcelana amarilla y cortar la
rella con el cortante. Introducirla en el alam-
e superior. Pegar las bolitas aplanadas de co-
res con cola vinílica sobre el pino.

Hacer un gancho de alambre con la ayuda de
una pinza alicate e introducirlo en la parte superior. Dejar secar y barnizar.

ealizar un moño con cinta dorada y pegar en
l tronco con pistola encoladora.

Consejo: este pino puede realizarse más pequeño para pegar sobre aros de madera y em-
plearlo como servilletero. También pueden
colgarse tarjetas con buenos augurios y entre-
garlos a cada invitado la Noche de Navidad.

Papá Noel

AUTORA: María Eugenia Rossi

Medio

25 minutos

Medio

MATERIALES

✗ Porcelana fría teñida de color rojo, piel y blanco

✗ Esteca-cuchillo

✗ Cinta bebé de color rojo

✗ Hojitas de muérdago

✗ Cemento de contacto

● Cola vinílica

● Rubor en polvo

● Marcador indeleble de color negro

● Hisopo

Tamaño: 5 x 8 cm

(ancho x alto)

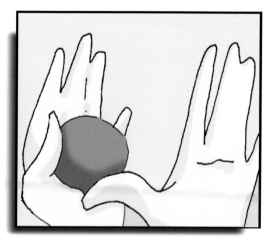

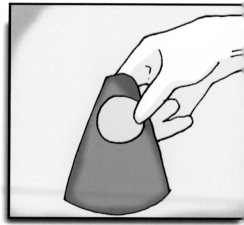

Cuerpo: amasar una bola de porcelana roja y afinarle un extremo dándole forma de cono. Apoyarlo sobre la mesa de trabajo presionando para lograr una base firme.

Cara: realizar una bolita de porcelana co[l] piel y aplanarla apenas con el dedo pulg[e] Pegarla a 3 cm del extremo superior.

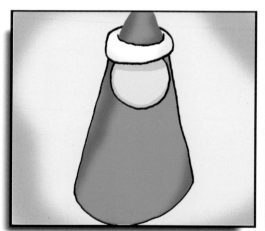

Piel: modelar dos choricitos en porcelana blanca, uno más largo que otro, y cubrir con el más corto por el borde superior de la cara. Adherirlo al cuerpo con cola vinílica.

Aplanar el choricito inferior con el palo [de] amasar y pegar en la base con cola vinílic[a] dejando la unión de ambos extremos por d[e]trás del cuerpo.

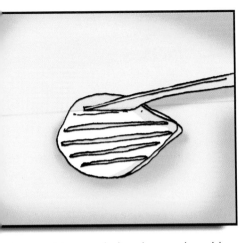

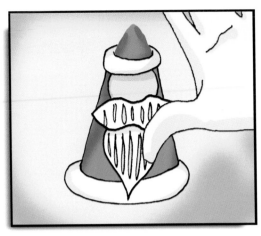

arba: modelar una bolita de porcelana blan-
y aplanarla con palo de amasar dándole
a forma alargada (tipo lágrima). Con la esteca
chillo, realizar marcas paralelas para sim-
ar el pelo.

Bigote: modelarlo en porcelana blanca y marcarlo con la esteca-cuchillo al igual que la barba. Adherirlo por encima de la barba con cola
vinílica y pegar ambos sobre la cara.

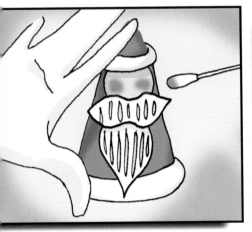

on un hisopo, colorear las mejillas con ru-
or. Dibujar los ojos con marcador indele-
le. Pegar dos hojas de muérdago y un moño
n la parte superior del sombrero con cemento
le contacto.

Consejo: es un trabajo ideal para poder ob-
sequiar a los invitados de la cena navideña,
colocando cada Papá Noel sobre cada plato.
Es aconsejable colocar un pequeño cartel con
el nombre del comensal.

Angelitos

AUTORA: María Eugenia Rossi

Fácil

10 minutos

Bajo

MATERIALES

✗ Para comprar
● Utensilios

✗ Bolita de madera

✗ Pelo artificial para muñecos

✗ Cinta blanca con ribete dorado, tornasolada nº 5

✗ Cinta blanca con dorado nº 00

✗ Aerosol dorado

✗ Pistola encoladora

✗ Cemento de contacto

● Piñas

● Rubor en polvo

● Papel de diario

● Marcador negro

Tamaño: 9 x 9 cm

(ancho x alto)

Colocar las piñas sobre un papel de diario y dorarlas con aerosol.
Rociarlas a 15 o 20 cm de distancia. Dejar secar bien.

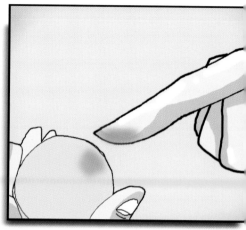

Cara: con el dedo índice cargado con rubo colorear la bolita para simular las mejillas.

Pintar los ojos con marcador negro.

Pegar la cabeza en el extremo superior de l piña con pistola encoladora.

egar el pelo sobre la cabeza con cemento de
ntacto.

Realizar un moño con cinta n° 00 y pegar
a la altura del cuello.

acer un moño con cinta n° 5 y pegar por
etrás de la piña para simular las alas.

Consejo: este tipo de souvenir puede emplear-
se para decorar el árbol navideño o para re-
galar en bautismos o en comuniones.

Pino portavelas

AUTORA: María Cristina Rioja

Medio

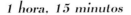

1 hora, 15 minutos

Medio

MATERIALES

- ✗ Pinturas acrílicas verde oliva, mystic green, rojo cálico, amarillo, azul laguna
- ✗ Pátina dorada
- ✗ Madera terciada de 6 mm de espesor (pino)
- ✗ Multilaminado de 15 mm de espesor (base)
- ✗ 2 clavos pequeños
- ● Arco de calar
- ● Hojas de sierra n° 0
- ● Papel de calcar
- ● Papel carbónico
- ● Taco lijador
- ● Lápiz
- ● Papel de lija
- ● Lima de uñas
- ● Taladro
- ● Mecha
- ● Martillo
- ● Pincel mediano
- ● Pincel fino

Tamaño: 16,5 x 22,7 cm

(ancho x alto)

Copiar el diseño del pino portavelas y de la base de la hoja de moldes en el papel de calcar.

Trasladar el dibujo del pino sobre la made terciada de 6 mm de espesor y el dibujo de base de 15 mm de espesor sobre la made terciada usando el papel carbónico.

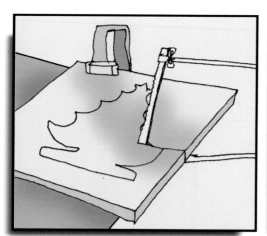

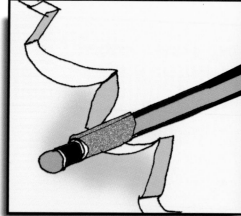

Sujetar la madera en el borde de una mesa usando la prensa. Cortar ambas figuras con el arco de calar siguiendo las instrucciones correctas para su uso (ver técnicas para su uso en la sección Maderas de la primera parte).

Lijar ambas piezas con el taco lijador. Para la partes curvas del pino, usar un lápiz envuelt en papel de lija; y para las esquinas interna una lima pequeña de uñas.

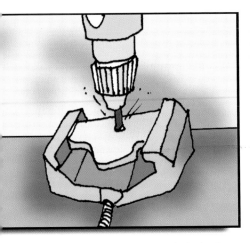

erforar la parte superior central de la base asta la mitad del espesor. Para ello, usar el aladro con una mecha del grosor de la vela ue se desee colocar. También realizar un pequeño orificio debajo de la estrella para colgar pino.

Clavar la base sobre la parte inferior delantera colocando un clavo por detrás del mismo, en cada extremo, usando el martillo.

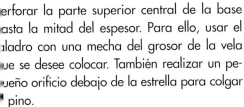

intar la base con acrílico rojo cálico cargado en un pincel mediano. Pintar el pino con acrílico verde oliva mezclando pinceladas de acrílico mystic green.

Agregar círculos pequeños con rojo cálico y puntos con amarillo, azul laguna y mystic green usando un pincel fino. Pintar la estrella en el extremo superior del pino con pátina dorada.

Noche de Navidad

AUTORA: María Cristina Rioja

Difícil

1 hora, 45 minutos

Medio

MATERIALES

✗ Pinturas acrílicas azul victoriano, azul laguna, amapola, burgundy, rojo oxido, mystic green, verde oliva, siena tostada,

✗ Pátina dorada, negra, blanca, peltre, durazno, rosa crepúsculo

✗ Madera terciada de 4 mm de espesor

● Moldes

● Papel de calcar

● Papel carbónico

● Taco lijador

● Lima de uñas

● Clavo fino

● Martillo

● Pincel fino

● Pincel mediano

● Prensa

● Arco de calar

● Hojas de sierra nro. 0

● Lima redonda

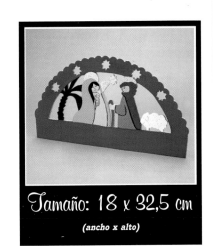

Tamaño: 18 x 32,5 cm

(ancho x alto)

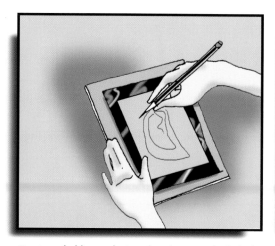

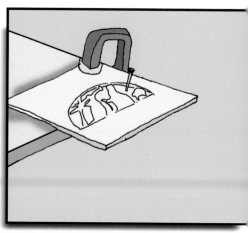

Copiar el dibujo de Noche de Navidad de la hoja de moldes con el papel de calcar, tanto el contorno como el interior de las figuras. Trasladarlo sobre la madera usando el papel carbónico.

Sujetar la madera terciada de 4 mm de espesor sobre la mesa con una prensa. Calar las partes internas del diseño introduciendo la hoja de sierra n° 0 suelta en un orificio hecho con martillo y un clavo fino cerca de la línea que va a calarse.

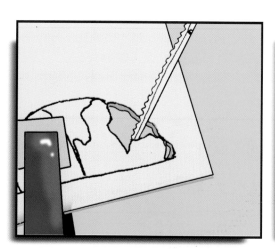

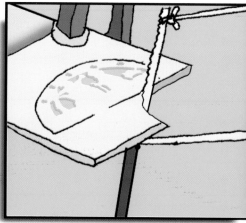

Sostener la hoja de sierra y colocar el arco de calar paralelo a la madera, por arriba y por abajo. Al llegar al lugar donde está la hoja de sierra, colocarla en el gancho mariposa inferior del arco de calar y apretar.

Repetir la operación colocándola en el gancho mariposa superior del arco, bien tensa. Calar cada parte indicada siguiendo las instrucciones correspondientes (ver Técnicas). Cortar el contorno exterior de la figura también con el arco de calar.

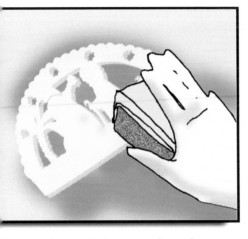

jar con el taco lijador y con lima de uñas o
ma redonda, de acuerdo con cada necesidad.
ntar el contorno con acrílico azul victoriano;
 manto de María, con azul laguna; y el vesti-
ɔ, con amapola.

Pintar a Jesús con peltre; los rostros con acrílico
color carne; y la oveja con blanco y toques de
acrílico durazno. Pintar el manto y el bastón
de José, con acrílico burgundy; su pelo, con
rojo óxido; y el vestido, con mystic green.

ealizar los detalles generales y de los rostros
ɔn negro y rosa crepúsculo; y la palmera, con
erde oliva y siena tostada. Terminar la pintura
e los halos sobre las cabezas con pátina do-
ɔda. Usar pincel mediano y fino, según la ne-
esidad.

Esta figura en madera se coloca junto al árbol
navideño. Pueden introducirse las luces que
enciendan y apaguen en los agujeros que dan
forma a las estrellas.

Toalla navideña con caritas

AUTORA: María Eugenia Rossi

Medio

1 hora

Bajo

MATERIALES

✗ Toalla de color azulino

✗ Retazo de voile

✗ Bastidor

✗ Fibra mágica

✗ Pinturas para tela a bolillo de color blanco, rojo, amarillo verde, naranja y celeste pastel

✗ Esfumador con punta plástica

✗ Pintura Puff de color blanco

✗ Pintura en relieve de color negro con aplicador de punta fina

● Plancha

● Pincel de punta redonda nro. 3

Tamaño: 34 x 55 cm
(ancho x alto)

Calcar el diseño de las caritas con la fibra mágica sobre el voile. Ubicar la toalla sobre el bastidor y arriba, el voile. Sujetar ambas telas al bastidor.

Pintar la galera con la pintura a bolillo de color rojo, realizando movimientos circulares para que la pintura penetre en ambas telas. Sombrear con color marrón el borde que limita con la estrella y la cinta, y con el esfumador integrar los colores, hasta alcanzar un sombreado parejo y uniforme.

Pintar la estrella con amarillo e iluminarla con blanco. En el interior, sombrearla con naranja e integrar los colores con la ayuda del esfumador. Realizar el mismo procedimiento con la cinta del sombrero colocando verde como color de base.

Pintar la carita con blanco y emplear esfumador para que la pintura penetre en la toalla. En este caso, como la tela de base es muy oscura, dejar secar la primera mano y luego volver a repetir la operación sombreando con celeste pastel.

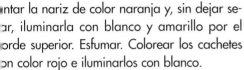

ntar la nariz de color naranja y, sin dejar se-
ar, iluminarla con blanco y amarillo por el
orde superior. Esfumar. Colorear los cachetes
on color rojo e iluminarlos con blanco.

Retirar el voile. La toalla aparecerá pintada y
la pintura habrá penetrado completamente la
trama.

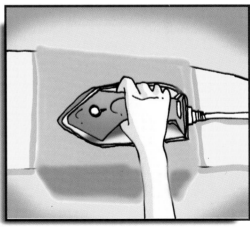

Con pintura en relieve de color negro y con
unta muy fina, realizar los detalles de los ojos
de la sonrisa. Con pincel, aplicar en forma
bundante la pintura Puff, realizando un
onceado en algunos sectores del sombrero
ara simular nieve. Dejar secar y planchar por
l revés.

Consejo: si se desea, calcar una sola vez la
carita y emplearla cuantas veces quiera para
formar una guarda.

Reno

Imán

AUTORA: María Eugenia Rossi

Medio

50 minutos

Medio

✘ Para comprar
● Utensilios

MATERIALES

✘ Recorte de madera

✘ Pinturas acrílicas color marfil, ocre, marrón y rojo óxido

✘ Imán en barra

✘ Pintura en relieve tipo Tulip de color roja

✘ Esténcil de cuadraditos

✘ Cascabeles pequeños

✘ Hilo choricero

✘ Barniz en aerosol

✘ Alambre de floristería

✘ Pincel chato nro. 4 y nro. 6

● Marcador indeleble

● Cola vinílica

● Rubor en polvo

● Esponja

● Retazo de telas con motivos

● Trapo de algodón húmedo

Tamaño: 7 x 14 cm

(ancho x alto)

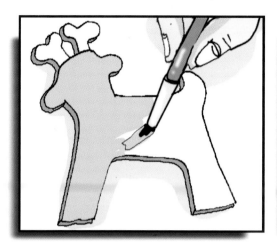

Transferir el diseño sobre el recorte de madera. Pintar el cuerpo con pintura acrílica color ocre empleando el pincel chato Nº 4. Pintar las pezuñas de marrón y las astas de color marfil.

Recortar el molde de la remera en tela y, por revés, untarla de manera abundante con c[o] vinílica. Pegarla sobre el cuerpo presionando c[o] pequeños golpecitos realizados con un tra[po] húmedo. Esto evitará que se formen grumos[y] que la remera quede bien adherida.

Bordear con rojo los puños, el cuello y la cintura de la remera con pintura Tulip.

Pespuntear el contorno en reno con marcad[or] indeleble. Dibujar las facciones de la cara [y] colorear las mejillas con rubor.

ntar el cartelito inferior con acrílico color mar-. Dejar secar y esponjar el esténcil con crílico rojo óxido. Luego, con marcador indeble, transcribir la inscripción.

Unir con alambre de floristería el reno al cartel, y en el borde inferior de este último, atar los cascabeles con hilo choricero.

roteger la pieza con barniz en aerosol. Dejar ecar.

Decorar una de las astas con un retazo de muérdago. En la parte de atrás del reno, pegar el imán en barra.

Índice